“

의사몰빵
한국폭망

”

Prologue

최근 세계는 기후변화와 환경문제, 지구 곳곳의 분쟁, 미국과 중국의 패권전쟁 등 여러 가지 문제들로 지구의 존재를 위협할 정도로 상당히 위험한 상황에 빠져 있다. IT 산업의 발달과 그에 따른 정보화 시대에 의해 이미 세계는 하나로 연결되어 있고 한 국가의 문제는 다른 국가들의 문제들로 파급되며 서로 영향을 끼치고 있다.

최근 대한민국이 세계 10대 경제 강국이 되었다고 다들 들떠 있다. 그런데 대한민국의 미래는 매우 어둡다. 그 어두움의 중심에 의사몰빵 현상이 있다.

지난 20년 동안 대한민국 경제 발전의 중심에는 삼성전자가 있다. 앞으로 10년은 더욱 빠르게 발전하는 IT 산업과 정보화가 더 빠르게 진행될 것이고 이러한 혁신의 시대에는 더 많은 인재들이 필요하다. 그런데 대한민국의 가장 치명적인 문제는 그런 인재로 양성되어야 할 많은 영재들이 모두 의사가 되려고 의사몰빵을 하기 때문이다.

내가 치과대학에 입학할 당시 졸업생 480명 중 350명 전후의 학생들이 서울대학에 진학한 한국 최고의 명문고인 경기고등학교에서 최고의 천재들은 서울대 물리학과를 비롯한 공과대학에 진학했고 그들이 한국의 IT 산업을 이끄는 원동력이 되었다.

그런데 지금 초등학생 어린이들이 대학생이 될 10년 후면 전국 성적 4000등까지의 수재들은 모두 의과대학에 입학하고 그 다음 성적을 받는 학생들이 미래산업을 이끌 공과대학에 진학하게 될 것이다. 세계 10대 선진국들 중 어느 나라에서 전국 천재들이 먼저 의과대학에 입학하고 그다음에 공과대학에 진학하는가?

지금 대한민국이 세계 10대 경제대국이라고 하지만 사실 알고 보면 이것은 통계의 오류 현상이다. 대한민국의 총생산의 30 %

를 삼성전자가 차지하고 있다. 즉 삼성전자의 세계 경쟁력이 떨어져서 어려워진다면 대한민국 GDP는 현재의 2/3 수준이 될 것이다.

특히 최근 미국과 중국의 경제 패권 전쟁의 중심에는 반도체 산업이 있다. 그래서 미국을 비롯해서 일본, 대만, 인도, 중국 등 선진국들이 반도체와 관련되어 치열하게 경쟁을 하고 있다.

이런 치열한 경쟁 상황에서 최고의 엘리트들로 준비된 다른 선진국과 4000명의 인재들을 빼앗긴 대한민국이 어떻게 경쟁을 할 수 있겠는가? 삼성전자와 대한민국의 패배가 불을 보듯 뻔하지 않은가?

그런데 대한민국의 엄마들은 그저 자신의 자녀가 부자 되라고(사실상 부자도 되지 않는데) 의사몰빵을 하고 있다. 정말 우물 안 개구리와 다를 바 없다. 10년 후 대한민국의 5차, 6차 산업을 이끌 인재들이 없다면 대한민국 경제가 무너져서 선진국 자리에서 쫓겨나고 경제 위기가 오면 의사를 비롯해 모든 국민들이 어려운 삶을 살아야 하는데 말이다.

그래서 나는 대한민국과 지금의 어린이들의 미래를 위해서 어린이들의 의사몰빵 현실을 온몸으로 막으려고 한다.

한편 지금의 어린이들이 성인이 될 10년 후면 지금의 의사들보다 훨씬 부자가 될 수 있는 직업들이 엄청나게 많이 생긴다.

첫 번째 금융업이다. 미국이 세계 최강국인 것은 세계 금융을 장악하고 있기 때문이다. 두 번째 이제 대부분 선진국들은 저출산과 평균수명의 연장에 의해 초고령 사회로 진입하고 있다. 초고령 사회에서 개발해야 될 필요한 기술과 산업은 무궁무진하다. 세 번째 몇 년 주기로 새롭게 창궐할 바이루스 군단과 싸워야 할 새로운 Bio 산업들도 반도체와 버금갈 정도로 발전할 수 밖에 없다. 네 번째 의료와 관련해서도 디지털을 사용한 의료 장비와 진료 패러다임의 변화는 의사를 대체할 수 있을 정도의 기술들이 개발될 것이다. (이 때쯤이면 꽤 많은 의사들이 사라질 수 밖에 없다)

그 외에도 정보화 산업에 관련된 산업, 기후환경 개선에 필요한 산업 등 엄청난 산업들이 상상이 불가능한 거금을 들고 기다리고 있다.

만약 지금 뛰어난 초등학생들이 어릴 때부터 금융을 배우고 의사를 꿈꾸는 대신 미래 산업의 창업자가 되기를 꿈꾼다면 그들은 애국자가 될 뿐 아니라 거부가 될 수도 있을 것이다.

한편 의사들의 인생이 엄마들이 생각하는 것처럼 그렇게 행복한 인생이 아니라는 것이다. 이 부분은 4대째 의료인인 나만큼 뼈저리게 느끼고 이해할 수 있는 의사들이 별로 없을 것이라고 장담한다. 그래서 의사라는 직업은 어떻게 변화되어 왔고 의사들의 인생이 얼마나 고달픈 것인지에 대해서도 알려주려고 한다.

그래서 이제 의사몰빵 하지 말라는 이야기를 시작하려 한다.

<교육, 직업 그리고 인생>

70년 만에 세계 최빈민국에서 선진국으로 급속 성장한 한국은 다양한 후유증을 앓고 있고 이를 해결하지 못하면 한국은 다시 어려워질 수 있다. 수많은 후유증 중 가장 심각한 것은 '의사몰빵 현상'이다.

왜 치과의사가 이런 내용에 관심이 있을지 궁금할 것이다. 나의 직업은 어린이 부정교합을 교정하는 교정치과 의사이다. 교정 치료는 꽤 오랜 시간 동안 주기적으로 환자를 만나는 진료이며 자연적으로 부모님들과 자녀들의 치아 건강은 물론 교육에 대한 소통을 많이 하게 된다. 그런데 최근 사회적으로 이슈가 되고 있는 초등학교 의사반 학원이 생겼다는 이야기를 듣고 상당한 충격을 받았다.

할아버지와 아버지에 이어 딸까지 한국에서는 거의 유일하게 100년 동안 4대째 의료 가문을 이어가고 있는 나는 누구보다도 의사에 대해서 잘 안다고 생각한다. 그래서 의사라는 직업을 부모님들에게 정확히 알려드려서 자녀 의사 만들기가 과연 잘 하는 것인지 생각하는 데 도움이 될 수 있도록 의사 직업을 해부해 보기로 했다. 이 내용이 의사가 되려는 학생들과 자녀를 의사로 만들려는 부모님들에게 조금이나마 도움이 되기를 바란다.

현재 한국의 교육 시장을 휩쓸고 있는 '의사몰빵 현상' 같은 한국병은 의학적으로 풀어보면 'Growth and Development'라는 단어로 표현할 수 있다. '성장과 발육'이란 뜻인데 Growth는 '양적 변화'를 의미하고 Development는 '질적 변화'를 뜻하며 '성장과 성숙'의 관점에서도 구분할 수 있다. 즉 나이가 들면 다들 키는 크는데 달리기 속도는 다 다르다거나 모두들 학년은 올라가는데 지적 이해도에 대한 능력은 학생에 따라 차이가 난다는 것과 같은 것이다. 인간의 성장발육과 마찬가지로 국가의 성장발육도 이와 마찬가지이다. 대부분 국가의 성장은 경제성장 통계를 지표로 사용한다. 그런데 경제 성장의 숫자의 뒷면에는 빈부격차, 비도덕적 사회 현상, 부패 등에 의해 사람들의 삶은 오히려 더 팍팍해진다는 것이다. '대부분 국민들이 행복하지 않게 되는 경제 성장이 과연 제대로 성장발육하는 것인가?' 라는 질문을 해 볼 수 있다. 그런데 이런 질문 없이 경제 성장을 하다 보면 성장통을 앓게 되고 결국 치명적인 병으로 발전될 수 있다. 대한민국의 성장통은 여러 가지가 있겠지만 우선 내가 관여할 수 있는 한국병의 첫 번째 아젠다는 '의사몰빵 현상'이다. 경제 성장의 열매가 왜곡되고 있기 때문에 그 현상을 두렵게 느낀 대부분 부모님들의 돌파구이긴 하지만 국가적으로나 가정적으로나 개인적으로 너무나 안타까운 일이다.

어쨌든 이렇게 대부분 엄마들이 자신의 자녀들을 의사로 만들기 위해 몰려드는 현상은 일종의 사회 병적 현상이고 이러한 사회 병이 생긴 이유는 외부적 사회 환경 때문이기도 하지만 사실은 부모님들이 '교육과 직업 그리고 인생'의 연관성에 대해서 정확한 분석과 철학적인 고민이 없기 때문에 생긴 것이다. 한국이 너무 급성장을 하며 정신없이 달려오다 보니 조금만 한눈을 팔면 주변은 변하는데 자신만 뒤떨어질 것 같은 불안감에 부화뇌동할 수밖에 없을 수도 있다.

'즉 국가의 외형적 성장과 국민의 내면적 성숙에 격차가 점점 심하게 벌어지기 때문에 생기는 현상이라고도 할 수 있다.'

교육, 직업 그리고 인생

그래서 최근 한국 교육의 문제인 '의사몰빵주의'와 '초등학생 의사반'의 문제를 '교육, 직업 그리고 인생'이란 주제로 다루어 본다. 대부분 사람들은 태어나서 유치원, 초등학생, 중고등학생, 대학생, 사회인, 은퇴, 노인, 요양 병원이란 코스를 지나서 세상에서 사라진다. 그런데 유치원 때부터 대학을 졸업할 때까지의 교육의 목적은 자녀의 재능을 발굴해서 그 재능을 발휘할 수 있는 직업을 선택하고 그 직업을 통해서 인생을 풍요롭게 살아가기 위한 재정적 필요를 충족시키기 위한 장기적 작업이라고 할 수 있다.

*교육은 왜 하는가

이상적인 교육의 본질은 자신이 좋아하는 분야를 공부해서 그 전문가가 되고 그 직업을 통해서 여유롭고 안정된 행복한 인생을 보내기 위한 과정이다. 그런데 현재 한국의 문제는 대부분 학생들이 10대 후반 학교 성적에 의해 결정되는 대학 입시의 결과에 의해 자신의 재능이나 좋아하는 것과 상관없이 강요된 직업을 선택하게 되는 것이다. 그나마 다행히 좋아하는 전공을 선택하게 되면 일정 기간 즐거운 직장 생활을 할 수 있지만 그렇지 않은 경우 삶을 위해 강요된 직장 생활을 하게 되며 피곤한 인생을 살기도 한다.

*부모님들의 직업관

그런데 요즘 많은 부모님들이 자녀의 재능이나 의지와는 상관없이 자녀가 의사 되기를 원한다. 왜 그럴까? 첫 번째로 부모님들이 교육과 직업 그리고 인생에 대한 철학과 인문학적 지식이 없는 상태에서 외형적인 허상(그것도 자신의 관점과 지식에 의한 판단)을 보고 자녀의 직업을 강요하기 때문이다. 더 안타까운 것은 의사의 현실에 대해 아는 것이 전혀 없는 상태에서 분위기에 휩쓸리거나 잘못된 정보에 의해 의사에 대한 막연한 이미지만 갖고 있다는 것이다. 즉 의사의 실상에 대해 제대로 알지 못하면서 의사의 허상만을 좇고 있다는 것이다.

* 의사의 실상에 대해 알려준다

- 한국의 근현대 세대에 따른 의사 해부 -

할아버지와 아버지를 이어 딸까지 100년 동안 4대째 의료가문을 이어오는 나의 경험과 그 경험을 분석하여 근현대 한국의 의사들의 상황을 해부해 본다. 그리고 과연 지금 초등학생들이 그렇게 불나방처럼 모두 의사가 되려고 어릴 때부터 학원을 다니며 고생해야 되는지 부모님들이 스스로 판단해 보기 바란다.

- 할아버지 시대 -

(나는 이때를 1세대 의사라고 한다.)

서울대 의대의 전신인 경성제대 의학부 2회로 졸업하신 외과의사 할아버지 세대는 한국이 빈민국이었고 대부분 사람들은 1차 산업인 농업에 종사하였으며 직업군도 별로 없었던 시절이라 의사와 같은 전문직은 정말 존경받는 직업이었고 의사들은 부자였다. 실제로 현대 한국 대기업들의 모체들이 생겨날 즈음인 그 시대에는 그 대기업들의 초창기보다 할아버지와 같은 의사들이 훨씬 부자였다. 특히 그 당시에는 일제강점기 시절이라 경성제대 의대에 한국인 학생들은 몇 명 없었던 시절이어서 한국인 의사들도 별로 없었을뿐더러 개업을 통해서 생긴 수입을 투자할 곳도 많지 않아서 현재의 수도권 여기저기 땅들을 많이 소유하고 있었다. 물론 그 당시 현재 수도권으로 바뀐 지역들은 싯가가 그렇게 높진 않았을 것이다. 그런데 이승만 전 대통령의 토지개혁으로 많은 땅들이 국가에 귀속된 것으로 안다.

어쨌든 내가 어린 시절에 할아버지 집 앞마당의 큰 연못에서 사촌들과 물놀이를 하기도 했고 소위 춘향이가 놀던 그런 큰 그네를 타고 놀기도 했다. 가끔 가난한 환자들은 치료비 대신 짚으로 엮은 달걀꾸러미를 가져오기도 하고 기르던 닭을 가져오기도 했던 기억이 난다. 그리고 할아버지께서는 그렇게 부자가 되려고 열심히 투자를 하신 것 같지도 않으셨던 것 같다. 그저 의사가 되어 아픈 사람들을 돌보아 주시는 것을 보람스러워하셨고 결과적으로 부자가 돼 있었던 것이다. 이때는 의사들이 거동이 불편한 환자들을 위해 직접 찾아가서 치료(왕진이라고 했다) 하는 경우도 많았었다. 정말 의사와 환자들의 관계는 인간적으로도 훈훈한 사이였다.

– 아버지 시대 –
(나는 이때를 2세대 의사라고 한다.)

일제강점기에 경성제대 의학부로 입학하셨으나 해방과 함께 서울대 의대로 바뀐 서울대 의대를 졸업하신 이비인후과 의사 아버지 세대는 한국이 빈민국에서 후진국으로 옮겨가는 시대였다. 해방과 6.25, 4.19, 5.16 등 격동의 세월들을 거치며 아마도 가장 험한 세상을 살아오신 아버지 세대 역시 의사는 가장 안정된 전문직 직업군이었다. 지방의 의사들은 거의 지방의 유지들이었다. 어린 시절에도 아버지가 의사라는 것이 나에게 상당한 안정감을 준 건 사실이다. 그 당시에도 한국에는 특별한 전문 직업군이 별로 없었기 때문에 의사들은 부유하고 안정된 생활을 보낼 수 있었다. 그런데 6.25 동란 후 단기간에 최빈국에서 후진국으로 빠르게 눈부신 발전을 하며 많은 기업들이 생기고 그에 따라 다양한 직업군도 생기며 교육 수준도 높아지고 안정된 직장인들도 늘어났다. 즉 한국은 빈민국의 고통스러운 터널을 벗어나 후진국에 입문을 하고 꽤 빠른 속도로 전진하고 있던 시절이었다.

- 국민의료보험의 태동 -

그러다 박정희 대통령 시절 전 국민 의료보험 제도가 생기면서 의사들과 정부의 갈등이 생기게 된다. 그러나 최근 언론에서 보듯이 의사들이 삭발을 하거나 대규모 집회를 하는 수준은 아니었고, 결과적으로 모든 국민들이 미국과 같은 선진국보다 더 좋은 의료 혜택을 받는 기초가 된 것은 사실이다.

이때부터 의사들의 지위는 최 상류층이던 할아버지 의사 시절에서 준 상류층으로 변하게 된다. 의사들보다 더 부자인 기업들이 생기기도 하고 변호사라는 직업이 더 부자가 되는 시대로 변하고 있던 것 같다. 내 기억에도 변호사라는 전문직이 의사들보다 더 부자로 등장하기 시작했던 것 같고 친구들 중에서도 아버지가 변호사인 경우 스스로 자신들이 의사들보다 더 잘 산다고 생각했던 것 같다. (그 당시 변호사들과 현재 변호사들의 사회적 지위를 그저 단순 비교한다면 엄청난 차이가 있는 것 같다.)

이때에는 대부분 개업의들은 개업의 성공을 위해서 특별히 홍보나 광고를 하지 않았다. 아버지에게서 들은 이야기 중 재미있는 내용 하나를 소개하면 "나중에 너도 의사가 되어서 개업을 하려면 번화한 시장 근처에서 해야 된다" 즉 그 당시에는 지금과 같은 정보화 시대가 아니라 2차 산업이 진행되던 시대였기 때문에 대부분 의사들은 사람들이 많이 몰려 있는 곳을 개업 장소로 선택한 것이었다. 그리고 대부분 의사들의 절대적인 숫자가 적었고 의사들 간의 경쟁이 없었기 때문에 그런 것이 가능했던 것 같다.

지금처럼 병원 홍보를 치열하게 해야 했다면 아버지 세대 의사들은 자존심 때문에 개업을 접었을 것이라고 생각한다. 그게 아버지 세대 의사들의 자부심이었다.

'자부심은 지키되 부자되는 것을 우선시하지 않은 세대였다.'

잘되면 잘 되는 대로 못되면 못 되는 대로 큰 욕심 없이 개업을 하던 세대였다. 그럼에도 불구하고 대부분 부유하게 사셨고 그 중 몇몇 의사들은 전국적으로 유명한 의사들로 등장하기도 했다. 특히 산부인과가 큰 병원을 운영했던 시절이었던 것 같다. 그런데 지금 산부인과는 사라져가는 전문 직종이 되었다. 저출산 때문일 수도 있지만 사실은 의사들도 소위 말하는 3D

직종과 같이 힘들고 피곤한 일을 하고 싶지 않은 것이다. 즉 할아버지나 아버지 세대의 의사들의 자존심이었던 의사들의 사명감이 조금씩 사라져가고 있기 때문일 수도 있다.

'이렇게 변해가는 의사들의 상황을 어머니들은 전혀 모르고 자녀들을 의사 만들려고 들들 볶고 있는 것이다.'

– 나의 시대 –

나는 어릴 때부터 의사가 나의 천직이라고 생각하며 자랐는데 안타깝게도 피를 보면 어지러운 증상을 갖고 있었다. 그래서 어머니께서 피를 보지 않는 유일한 의사가 치과의사 중에서도 교정과 의사라며 조언을 해 주셔서 서울대 치대를 졸업하고 교정과 의사가 되었다. 신기한 것은 그 당시 치아교정학이라는 학문은 한국에 거의 알려지지 않았던 시대이다. 그런데 가까운 친척 중 일본 공사를 역임했던 분이 있는데 나의 육촌동생인 그 공사의 딸이 일본에서 교정을 해서 치아도 가지런해지고 얼굴도 더 예뻐진 걸 어머니께서 관심 있게 보셨던 것이 지금의 나의 직업이 된 것이다. 어쩌면 지금 자녀들을 의사 만들기 원하는 어머니들이 이런 분석력을 갖추어야 하지 않겠나 생각된다. 왜냐하면 내가 의대로 진학했으면 아마 수술실에서 수련을 할 때 피 보는 것이 두려워서 자퇴를 했거나 겨우 통과했더라도 매일 스트레스로 개업을 하기 힘들었을 것이다.

서울대 치대를 31회로 졸업한 나의 세대는 한국이 이제 꽤 발달해서 개발도상국이 되었고 국가 재정도 할아버지 세대나 아버지 세대와는 비교할 수 없을 만큼 엄청나게 커졌고 할아버지 시대에는 할아버지보다 자산이 적었던 회사들이 세계 최고 기업들로 성장되어 있으니 어찌 보면 의사들의 성장 속도와 기업의 성장 속도는 심하게는 '달팽이와 사자'의 달리기 속도와 다르지 않을 것 같다. 대기업과 다양한 중소기업들이 성장하면서 많은 직업군들과 부자들이 속속 탄생했다.

에피소드 1

내가 경기고등학교에 입학할 때에는 입학시험이 있었고 요즈음 젊은이들은 믿기 힘들겠지만 경기고등학교 동기 480명 졸업생 중 거의 400명이 서울대로 진학했다. 그렇게 똑똑한 친구들이 많았는데도 30대 후반부터 40대 초반에 교정과 의사로 꽤 빠르게 자리잡은 나보다 수입이 더 좋은 친구들은 거의 없었다.(부모님으로부터 사업을 이어받은 친구들을 제외한다면) 그런데 40대 후반부터 창업을 한 친구들의 수입이 나를 따라잡으며 결과적으로 나의 수입은 그들의 수입에 비하면 보잘 것 없는 수준이 되어 버렸다.

'지금 초등학생들이 의사가 될 시절이 되면 의사와 창업한 친구들과의 격차는 더 크게 벌어질 것이다.' 근로소득자인 의사와 자본소득자인 기업가의 필연적인 차이다' 의사는 병원 문을 닫는 순간 수입도 닫히지만 기업은 대표가 집에 가도 상품은 계속 팔린다.'

한편 3차 산업이 발달한 나의 세대에는 의료계에도 많은 변화가 있었다.

에피소드 2

내가 졸업하던 시절에는 의과대학을 졸업하면 많은 의사들이 외과의사가 되기를 원했다. 그 당시 서울대학 의대를 졸업할 때 외과에서 5명 정도의 수련의를 뽑는데 10명 이상이 지원했고 문제는 6년 동안 친하게 지내던 친구들이 갑자기 서로 경쟁자가 될 수밖에 없었다. 그래서 어떤 친구가 제안을 했다고 한다. 다들 일정액의 기금을 내고(예를 들면 100만원이라고 하자). 가위바위보를 해서 이기는 친구들은 외과에 진학하고 지는 친구들은 그 모은 기금을 나눠 갖는 것이다. 실제로 그런 걸 보진 못했지만 의대 친구들이 해준 이야기이다.

'지금처럼 서로 노트도 보여주지 않는 이기적인 세대에서는 이해할 수 없는 스토리가 아닐까?'

더 특이한 것은 그렇게 인기 있던 외과 전공의를 지금은 지원자가 모자라서 정원 미달이 된다는 것이다. 이렇게 세월이 변하면 우리가 예측하지 못하는 시대가 되는 것이다.

'미래학 공부를 전혀 안 하는 어머니들이 20년 후 의사가 어떤 직업이 될지 예측할 수 있을지 걱정이다!'

지금 의사가 되기 위해 하루 종일 공부만 해야 되는 초등학생, 중학생들이 의사가 될 10년 20년 후 정보화 산업과 IT 산업이 더 발달하는 5차 산업 시대에서는 의사는 아마도 평범한 중산층 전문직이거나 상당히 많은 의사들이 중산층 생활을 하기도 힘들어질 수도 있다는 것을 부모님들은 알아야 한다.

이미 많은 미래학자들이 미래에 사라질 직업 중 하나로 의사를 꼽고 있다. 지금 초등학교 시절부터 온 정성을 쏟아 어려운 터널을 빠져나와 겨우 최종 목표인 의사가 되었는데 그 직업이 사라져버린다고 하면 그때 기분이 어떨까? 그런데 이 상황이 전혀 비현실적인 것이 아니라는 것이다. 요즘 언론에 자주 등장하는 Chat GPT 와 같은 인공지능 로봇이 상당히 많은 의사들을 대체할 것이라는 것을 믿지 않는 사람들은 드물다. 특히 많은 정보를 분석해서 진단을 내리는 내과, 소아과 등은 물론이고 영상의학과 등은 상당 부분 의사를 대체할 것이라는 것은 확실하다. 수술용 로봇도 개발될 것도 분명하고 그들의 기술이 사람의 손재주를 뛰어넘을 것도 확실하다. 지금 초등학생들이 의사가 될 시절인 20년 후에는 불을 보듯 뻔하다.

다시 한번 강조하지만 '어머니들! 이 사실을 깨닫고 자녀들 들볶는 것을 멈추기 바란다!'

'그렇게 사라질지 모르는 의사에 몰빵하는 어머니들! 그래도 자녀를 의사시키고 싶다면 온라인으로 미래학 공부를 하거나 미래학 관련 독서를 하기 바란다!'

에피소드 3

의사들이라고 다 같은 의사가 아니다. 의사들의 위치나 상황도 다양하고 그에 따라 수입도 천차만별이다. 그 중 친하게 지내던 안과의사 이야기를 해 본다. 아마 20년도 더 된 에피소드이다. 그 당시 내가 출석하던 소망교회의 교인들 중에는 의사들이 꽤 많았다. 내가 40대 전후에는 교정만 전공하는 치과의사들이 별로 없어서 치아교정만 진료하던 나의 병원은 일찍 안정 되었고 수입도 상당했었다. 친하게 지내던 안과의사의 일년수입은 내 한달 수입에 불과해서 항상 나를 부러워했다. 그런데 어느날 안과에 라식이라는 기술이 도입되었다. 그리고 2년정도 만에 나의 1년 수입이 그의 한 달 수입이 되었다. 처음에는 좀 어이가 없었지만 그게 현실이었다. 그런데 5년 전후가 지난 뒤 상황은 또 반전된다.

그동안 라식 시술로 안과의사들이 엄청나게 수입을 올렸지만 안과에는 라섹 등 새로운 의료기술과 1~2년을 주기로 끊임없이 고가의 의료장비가 출시되었고 의사들은 서로 경쟁하듯이 고가 장비를 사게 되고(안과의사들이 서로 새로운 장비를 홍보

하기 위해서다) 결과적으로 하루 종일 쉬지 않고 육체노동을 하며 그 장비 렌트 비용을 갚아 나가야 했다. 더구나 자신들의 병원을 경쟁적으로 홍보하기 위해 수입의 상당한 부분을 홍보와 광고비로 지출하는 출혈 경쟁을 할 수밖에 없게 된다. 근로소득자인 의사가 자신의 몸을 혹사 시켜서 장비회사의 배를 불려주는 마치 '고가 의료장비회사'의 노동자와 같은 신세가 되어버린 거다.

이렇게 개발도상국에서 태어나 선진국의 문턱에서 의사 생활을 하는 나의 세대는 결과적으로 근로자이자 중산층의 위치로 내려앉게 된다.

그렇게 정신없이 개발되는 새로운 의료기술과 의료장비 때문에 개업에 성공을 하려면 엄청난 자금을 투자할 수밖에 없게 되었고 그에 따른 개업의들 간에 경쟁구도가 점점 더 치열하게 진행되고 있다. 예를 들면 시내버스 몸통이나 지하철 입구에 대형 홍보를 할 수밖에 없게 된 것이다. 아버지 세대의 의사들에게는 그런 방법의 홍보는 의사들의 자존심을 상하게 하는 행위라고 생각했기 때문에 '이단아 의사'가 아니라면 그런 광고를 생각도 하지 않았고 그렇게 홍보를 하지 않아도 개업을 할 수 있었던 세대이다.

아버지 세대뿐 아니라 할아버지 세대 의사들이 볼 때 지하철역 앞이나 버스 몸통에 광고를 하는 의사들은 아마 '정신 나간 놈들'이라고 생각하셨을거다.

지금 초등학생들이 개업할 20년 후에는 어떤 방법의 광고가 대두할지 얼마나 투자를 해야 효과가 있을지 궁금하다.

'아마 의사몰빵주의 어머니들은 지금부터 홍보비도 따로 준비해 놓아야 할거다!'

에피소드 4

내가 개업을 시작하던 1986년에는 치과 재료상들이 남대문 시장 근처에 조그마한 사무실을 운영하던 영세업자들이었다. 그런데 치과의사들이 늘어나고 치과 의원들의 규모가 커지면서 재료시장이 커지기 시작했다. 한편 값비싼 외국 치과 재료들과 장비들이 수입되면서 치과의사들도 점점 더 고가의 재료와 장비들을 사용하기 시작했다.

'그 결과가 어떻게 되었을까?'

어느 날 남대문시장 뒷골목 조그마한 사무실에서 장사를 하던 치과재료상이 큰 빌딩을 짓고 사옥으로 사용하기 시작한다. 한 때에는 치과의원들을 방문해서 덤핑을 하며 하나라도 더 팔아보려고 영업을 하던 그 재료상들이 치과의사들의 노동을 통해서 큰 회사가 되고 빌딩을 사고 코스닥 상장도 하게 된 것이다.

'그리고 상황은 역전된다!'

어떻게던지 덤핑을 하며 치과재료를 팔던 그들에게 이제 치과의사들은 재료를 조금이라도 싸게 사려고 사정을 하는 신세로 역전된 것이다. 치과의사 수입과 매출 1조를 일으키는 대기업으로 변모한 시장구조의 변화는 의사를 시키려는 어머니들에게 또 다른 교훈을 줄 수 있다.

'의사를 시키느니 의사를 상대로 하는 사업가로 키워라!'

어릴 때부터 의사 만들기 위해 투자하는 비용을 똑똑하게 제대로 투자하면 20년 후 의사를 상대로 하며 의사의 수입보다 몇십배 더 큰 수입을 얻는 기업가가 될 수 있는 충분한 자금을 만들 수 있다.

‘어머니들! 소위 복리의 마술을 깨닫고 의사 만들기 위해 투자하는 비용을 진짜 부자가 되도록 투자하는 방법을 실천해보는 것은 어떨까? 생각만 바꾸면 그렇게 어렵지 않다!’

의사가 된 대치동 아이들이 다 당신 자녀의 고객이 되어서 당신 자녀의 부를 만들어주지 않겠는가? 더 좋은 건 기업가가 되기 위해서는 그렇게 어릴 때부터 온통 공부에 매달려서 고생할 필요가 없고 오히려 신나고 재미있게 놀며 많은 친구들을 사귀어 놓으면 된다.

‘어릴 때부터 놀면서 미래 고객을 선점하는 의미도 되지 않을까?’

에피소드 5

나는 서울대 치대와 서울대 치대 교정과 대학원을 졸업한 뒤 하버드대 치대 교정과 대학원에 진학했다. 그 당시 치과의사가 정식으로 유학 간 경우는 거의 없었다. 하버드대학에서 교정과 대학원 재학 중 미국 영주권을 얻게 되었다. 미국서 살지도 모르겠다는 생각에 보스턴대학 치대 3학년에 편입해서 보스턴 치대를 졸업하고 미국의사면허증도 취득했다. 그리고 한국에서 살지 미국에서 살지를 고민하다가 '2년만 한국에 투자하고 내가 원하는 위치가 되지 못하면 미국에서 살겠다'는 생각을 하고 한국에 귀국해서 개업을 했다. 그리고 교정 환자만 보기로 했다.

그런데 문제는 이비인후과 아버지와 모든 가족들, 그리고 치과의사 친구들 모두가 다 반대를 했다. 도대체 치과의사가 교정 치료만 해서 어떻게 먹고살겠냐라는 것이다. 특히 아버지께서 심하게 반대를 하셔서 같은 의료인이자 개업의 선배이신 아버지에게 이렇게 말씀을 드리고 내 마음대로 하기로 했다. "아버지께서 많은 비용을 들여서 저를 유학할 수 있도록 해 주셔서 감사합니다. 그런데 미국에서는 교정 환자만 치료하는 교정과 의사들이 더 수입이 높답니다. 그렇게 선진국에서 배워 왔는데 아버지 생각대로 해야 한다면 제가 왜 그렇게 치과대학과 대학원을 두 번씩이나 하는 고생을 했을까요? 제 생각대로 하다가 만약 실패하면 그냥 저는 미국 가서 취직해서 살겠습니다." 그리고 승낙을 얻어냈고 단 1년만에 강남에서 꽤 유명한 젊은 30대 교정과 의사로 소문이 났고 5년 정도를 고민하다가 결과적으로 미국행을 포기했다.

현재 교정과 진료만 하는 후배들이 아마 전국에 500 ~1,000명 정도 되는 걸로 알고 있다. (아마도 교정진료만 하는 나의 성공이 영향을 미친 것은 확실하다) 그런데 재미있는 것은 이제 다시 교정과 진료만 하는 치과의사들이 너무 많아져서 서로 경쟁이 심해졌고 그러다 보니 진료 수가 점점 낮아져서 병원 운영에 어려움을 겪는 후배들이 꽤 많다고 한다. 이렇게 모든 직업들은 세상이 변하고 상황이 변하면 끊임없이 흥망성쇠의 부침을 겪게 된다.

'어머니들! 이런 상황 판단을 할 수 있는 지식도 없고 연구도 하지 않으면서 남들이 시킨다고 자녀들을 의사에 몰빵한다면 그 결과가 어찌될지 불 보듯 뻔하지 않을지?'

에피소드 6

내가 유학을 마치고 개업을 시작했을 때 교정만 하는 의사로 유명해졌고 고마운 지인의 소개로 많은 유명한 연예인들이 내 병원에서 치료를 받으러 내원했다. 친구들과 직원들은 그들과 사진을 찍어서 병원 홍보를 하라고 조언들을 했다. 그런데 나는 그들에게 이렇게 말했다. "내가 하버드대까지 유학을 가서 공부를 했고 치과대학과 대학원을 한국과 미국에서 두 번씩이나 한 사람인데 왜 연예인들과 사진을 찍어서 홍보를 해야 되니?"라며 거절을 했다. 그런데 몇 년 후 나는 빠른 성공의 부작용으로 의료계 Trend를 읽지 못하는 개업의인 것을 알았다.

어느 날 병원 환자가 좀 줄어드는 느낌이 있어서 잠깐 분석을 해보았다. 나도 모르게 세상은 '정보화 시대'의 초입에 들어와 있었고 SNS의 발달로 환자들은 의료인들의 실력보다는 광고나 홍보에 의해서 치료 병원을 결정한다는 것을 알았다. 그리고 강남역 병원시대가 열렸다.

성형외과 등 많은 비보험 인기과목 의사들은 강남역과 신사역을 중심으로 몰려들었고 치열하게 광고를 하기 시작했다. 광고를 하지 않는 병원의 미래는 소멸뿐이었다. 그런 상황이 지금까지 이어져 오고 있다. 그리고 그런 광고 시장에 네이버와 같은 플랫폼 기업은 날개를 단다. 이제 개업의들에게 SNS 광고는 필수적이다. 그리고 수입의 상당 부분을 마케팅 회사에게 빼앗기고 있다. 근로노동자에 불과한 의사들의 피와 살점들이 광고 마케팅 회사들에게 뜯겨 나가는 시대가 된 것이다.

마치 '재주는 곰이 부리고 돈은 왕서방이 가져간다.' 는 옛 이야기 같이 말이다.

'부모님들이 이 사실을 알아야 한다! 힘들게 공부해서 의사가 된다고 쉽게 부자가 될 수 없다는 것이다. 부자가 되려고 노력하는 만큼 자녀의 피와 살점들이 다양한 경로로 뜯겨져 나간다는 것을 알아야 한다.'

- 딸의 시대 -

(나는 이 때를 4세대 의사라고 한다.)

▶ 딸과의 에피소드

사실 나는 딸아이에게 꼭 의사가 되라고 하지 않았다. 자랑스러운 것은 아니지만 딸아이가 학교를 다니는 동안 성적표를 본 적도 없다. 지금 돌이켜 생각해 보면 솔직히 딸아이의 성적표 모양이라도 한 번 보고 싶긴 하다. 심지어는 존스홉킨스 대학 보건학과를 졸업한 딸아이가 미국에서 갑자기 전화를 해서 “아빠! 저 치과대학에 합격했어요!”했을 때 나는 그냥 “아! 그랬니?”그러고는 잠깐 안부를 묻고는 통화를 끝냈다. 다들 거짓말이라고 생각할지 모르지만 사실이다. 어쨌거나 딸아이는 부자가 되려고 치과의사가 된 것이 아니라는 것은 확실하다.

나중에 딸아이에게 왜 치과대학에 진학했냐고 물어보았더니 고등학교 재학시절 엄마와 함께 동남아 후진국에 선교여행을 갔는데 그곳 추장이 아빠 직업을 묻더란다. 그래서 치과의사라고 했더니 자기들에게 치과의사가 너무 필요하다는 이야기를 듣고 ‘아! 치과의사가 되면 선교활동 하기가 유리하겠구나’하는 생각을 하고 치과의사가 됐다고 한다.

그런데 문제는 자기가 진짜 잘할 수 있는 재능은 디자인과 요리였기 때문에 디자인학과로 진학하기를 꿈꾸었는데 고민을 하다가 결국 자신이 정한 성적이 나오면 치과대학으로 진학을 하고 아니면 디자인학과로 진학을 하려 했는데 우연히도 본인이 정한 DAT(치과의사 적성검사) 성적이 나와서 할 수 없이 치과대학에 진학하기로 했다는 답을 들었다. 지금도 디자인학과로 진학하지 않은 것을 가끔 후회하기도 한다고 한다.

만약 내가 딸의 특별한 재능을 미리 알았다면 아마 딸아이가 디자인을 전공해서 자신이 즐거워하는 일을 하면서 더 행복한 인생을 보낼 수 있지 않았을까 하는 안타까운 생각도 든다.

부모님들은 지금부터라도 자신의 자녀에게 어떤 재능이 있는지 찾아내고 만약 자녀에게 어떤 특정한 분야에서 탁월한 재능이 발견된다면 그 재능을 극대화시키는 노력을 해야 된다. 그러려면 당연히 부모도 똑똑해야 하지 않을까? 이제 5차 산업이 중심이 되는 현 시점에서는 창의력을 기초로 하는 다양한 직업군이 생기게 되고 산업화 시대의 교육과 산업화 시대의 직업군을 유지하고 있는 대부분 의사들은 더 이상 상류층을 유지할 수 없고(이미 아니지만) 어쩌면 지금 초등학생 중학생들이 의사가 되는 미래에는 중산층도 겨우 유지할지 모른다. 왜냐하면 대부분 지금 부모님들이 생각하는 의사들은 근로소득자인 노동자 계급이기 때문이다.(이 부분을 꼭 이해해야 한다.)

원하는 정보는 언제든지 얻을 수 있는 시대를 살고 있는 딸 시대의 의사들은 의사라는 직업과 연관된 사업을 찾는 것이 좋다. 의사들 중 자신의 전공과 관련된 기업을 만들고 성공시켜서 근로소득이 아니 자본소득을 얻는 의사들이 이제 꽤 많이 생겼다. 치과의사로 임플란트 회사를 운영하는 경우, 피부과 의사로 화장품을 개발하는 의사, 성형외과 의사로 보톡스를 개발한 의사, 건강제품을 개발해서 기업을 세우고 큰 부자가 된 의사들이 점점 많아지고 있다.

딸 시대 의사들의 근로소득 수입은 아마도 중산층 수준 한계를 넘어서지 못하게 될 것이다. 융합적 사고를 갖춘 융합형 의사로서 새로운 도전을 할 수 있는 것이 쉬운 일은 아니지만 그렇게 변신하지 않는 의사들은 조만간 원하지 않는 인생을 보내게 될지 모른다. 이 사실은 백년 의료가문을 이어오는 나의 생각이 거의 정확할 것이라고 생각한다.

다시 강조하지만 이미 지금도 의사가 되려고 공부만 하는 대신 창의력을 극대화 시킨 많은 젊은이들이 이미 30대와 40대 초반에 조 단위의 매출을 일으키는 유니콘 사업을 창업하고 이루어 내고 있다.

'결론적으로 지금 초등학생들이 의사가 될 20년 후에는 의사의 존재가치가 훨씬 떨어지며 부자 되기도 훨씬 어려워질 텐데 이런 의사라는 직업을 고집하며 어린 나이때부터 하루 종일 몇년씩이나 앞선 선행학습을 시킨다는 것은 무지에 가까운 행동이라는 것을 깨달았으면 좋겠다.'

- 다음 세대 -
(아마도 5세대 의사들)

자녀들을 의사 시키려는 부모님들에게 중요한 조언을 해준다. 만약 내가 초등학생 손자가 있어서 의사를 만들려고 생각한다면 나는 우선 그를 경영학과, 경제학과, 컴퓨터공학과, 재료공학과, 바이오학과, 화학과, 물리학과, 약학과, 법학과 등 전공을 하는 대학에 진학시킬 것이다. 그렇게 4년 동안 대학을 졸업한 뒤 곧바로 의과대학 본과로 진학을 시킬 것이다. 현실적으로도 초등학교 때부터 의사가 되려고 12년을 고생하는 것보다 대학 4년을 졸업한 뒤 의과대학 입학하는 것이 훨씬 가능성이 높다. 물론 의과대학에 입학하기 위해서는 당연히 의과대학에 진학할 수 있는 필수과목을 이수해야 한다. 그리고 의과대학을 졸업한 뒤 전공의 5년을 하는 대신 그가 대학 때 배운 전공을 통한 의료관련기업을 창업하거나 관련 기업에 진출하는 것이다.

'앞으로 5차 산업이 활성화되면서 성장할 수 있는 산업을 생각해보자.'

우선 초고령화 사회가 되면서 Anti-aging 시장은 엄청나게 커질 것이다. AI 등을 통한 새로운 의료장비와 Bio 제품들도 쏟아질 것이다. 많은 연구들을 통해 건강을 위한 생활 제품들이 끊임없이 개발될 것이다. 한편 기후변화와 환경문제 때문에 지난 몇 년 고생한 코로나와 같은 새로운 전염병들이 계속적으로 창궐할 것이다. 그때마다 우리는 새로운 백신과 약품을 연구개발해야 된다.

정말 창의력이 있는 어린이들이 큰 기업을 이룰 수 있는 기회가 상상할 수 없을 정도로 커진다는 것이다. 만약 그들이 대학 4년 동안 기초 학문의 교육을 이수하고 의료 관련 사업을 하게 된다면 그들은 의사들의 신분이나 수입과는 비교가 불가능할 정도로 높은 영향력을 미치게 되고 엄청난 부도 얻을 수 있게 된다. 당연히 수입은 몇억이 아니라 몇천억을 뛰어넘어 몇조의 가치를 이루게 된다.

'이런 생각을 하면 정말 흥분되지 않는가? 자녀들이 겨우 인생보험을 들기 위해 30년을 들들 볶이면서 의사가 되는 것이 성공이냐? 아니면 어릴 때 신나게 놀 거 다 놀면서 자신의 재능을 발휘해서 대기업 대표가 되는 것이 성공이냐? 바보가 아니라면 답을 모를 수 없을 것이다.'

사실 100년을 이어오는 4대째 의사가 아니라면 이런 생각을 하기가 쉽지 않긴 하다. 할아버지와 아버지 때 의사들의 위상과 기업들의 위상이 어떻게 충격적으로 바뀌어 왔는지를 보고 분석했기 때문에 앞으로 어떻게 변화할지도 내 눈에는 쉽게 보이는 것이다.

아쉬운 것은 내가 그런 Trend를 분석했으면서도 Vision을 갖고 의사의 길에서 탈출하지 못한 것이다. 사실 몇 번의 탈출 기회가 있었지만 경영학과 공학적 지식이 없었기 때문에 과감한 결정을 하지 못했다. 내가 치과대학 입학 전이나 후에라도 경영학과 공학에 대한 기초적인 교육만 받았더라면 아마 내 인생은 또 다른 길을 개척하며 살고 있었을 것이다.

이 책에서 가장 중요한 부분이 지금 정리한 부분이다. 지금부터라도 의사반에서 탈출해서 '진짜 부자'가 되기 위한 다른 전공을 찾아라. 그리고 꿈과 비전을 더 크게 갖고 지경을 넓혀라.

'당신의 자녀에게 무한한 성공의 시대가 열릴 것이다!'

최근 대치동을 시작으로 전국적으로 어이없는 현상이 벌어지고 있다. 바로 '초등학교 의사반 학원'의 등장이다. 이미 오래전부터 특히 20여년 전 IMF를 겪은 후부터 자녀들을 의사로 만들려고 하는 현상은 있었지만 최근처럼 모든 자녀들을 의사로 만들려고 하진 않았다.

과연 무엇이 부모님들로 하여금 자녀들을 의사로 만들려고 그렇게 어린 나이부터 아이들을 들들 볶으며 학원을 보내고 의사를 만들려고 할까? 아마 세상이 점점 '돈 지상주의'가 되고 지난 10년간 잘못된 사회 시스템과 정치, 교육의 합집합의 결과가 아닐까?

그런데 더 중요한 것은 자녀들이 의사가 되면 행복한 인생을 살 수 있을까에 대한 기본적인 철학이 없이 남들이 뛰니 아무 생각 없이 함께 뛰는 부모님들의 무지의 결과이기도 하다.

'그래서 100년 동안 4대째 의료 가업을 잇고 있는 내가 할 수 있는 것은 의사에 대한 정확한 정보와 의사라는 직업의 장단점을 부모님들에게 알려주는 것이다.'

우선 부모님들이 자녀의 작업을 선택할 때 어떤 점들을 고려하고 결정할까에 대해 생각해 본다. 직업이란 교육의 결과를 통해 재능을 발휘할 수 있는 분야를 선택하고 그 직업을 통해서 인생의 재정적 안정을 유지하기 위한 기본적인 인간의 삶을 위한 도구이다. 그래서 어떤 직업을 선택하느냐에 따라 각자의 인생이 안정되고 행복하기도 하지만 반대로 불안정 되고 피곤한 인생이 될 수 있다. 여기에서 안정적이라는 것은 재정적인 부분만을 이야기하는 것이 아니다. 가능하면 다다익선이지만 그것보다 더 중요한 것은 그 직업이 보람 있고 개인이 즐겁게 할 수 있는 분야이냐 아니냐 하는 것이다. 아무리 부자가 된다 하더라도 다른 사람들에게 해를 끼치거나 불법으로 부자가 되면 절대 행복한 인생을 살 수 없다. 한편 아무리 많은 수입이 생긴다 하더라도 자신이 싫어하는 일을 하루 종일 한다는 것은 더더욱이나 불행한 인생이며 심지어 건강에 심각한 문제를 일으킬 수도 있을 것이다.

그래서 부모님들이 '직업에 대한 철학적 지식과 세상적 지혜'가 있어야 하고 그것을 위해 부모님들도 다시 공부를 해야 하는 것이다. 자녀교육도 배우지 않고 직업교육도 하지 않고 자녀의 직업을 선택해 준다는 것은 '소경이 소경을 인도하는 것'과 같은 불행한 일이다. 이런 현실의 결과가 현재 한국을 휩쓸고 있는 '의사만들기 몰빵현상'인 것이다.

그래서 누구보다도 의사에 대해서 잘 아는 4대째 의사인 본인이 의사라는 직업을 해부해 주려고 한다. 이 '의사 해부'를 통해서 의사에 대한 '숨겨진 진실'을 정확히 알고 그래도 자녀를 의사 시키고 싶다면 돈만 벌겠다는 허상 때문이 아니라 어려운 이웃을 도와주겠다는 마음을 갖춘 진짜 명의가 될 수 있도록 도와주어야 할 것이다. 그러면 그때 자신도 모르게 부자가 되어 있다.

의사에 대한 부모님들의 허상

의사란 직업을 자세히 관찰하지 않은 대부분 부모님들은 의사에 대한 허상을 갖고 있다. '첫 번째 의사는 부자다. 두 번째 의사는 편하게 산다. 세 번째 의사는 존경받는다.'라는 것이다. 맞는 것도 있고 틀린 것도 있다. 상당 부분이 허상일 수 있으며 부모님들이 착각하고 있다는 것이다 그렇다면 의사란 어떤 직업인가? 지금부터 집중해서 내용을 보기 원한다.

1. 의사는 부자다

첫 번째로 '의사는 부자다'라는 허상과 착각에 대해 설명해 본다. 사실 세상 사회도 빈부격차가 심하고 많은 부작용이 있는 것처럼 의사들도 빈부격차가 매우 심하다. 의과대학을 졸업하고 의사고시에 합격하면 의사가 된다. 그 후 의사는 다양한 형태를 갖는 직업군이 된다. 수련의, 전공의, 봉직의, 교수, 유명개업의, 평범한 개업의가 있다. 한편 전공도 내과, 소아과, 외과, 성형외과 등 다양하다. 개업의는 지방에서 개업을 하거나 수도권에 개업을 하기도 하고 대부분 성형외과 의사들이 선호하는 강남에서 개업을 하기도 한다. 이러한 다양한 상황에 따라 그들의 수입은 천차만별하다. 수련의나 전공의는 월 500만원 전후, 교수들은 월 1000만원 전후, 개업의들은 개업이 안돼서 폐업을 하는 경우부터 연간 수십억 수입이 있는 유명 의사들도 있다.

- 의사가 되기 위해 투자해야 되는 시간 -

일단 의사가 되기 위해 교육해야 되는 시간을 계산해 보면 초등학교 6년, 중고등학교 6년, 대학 6년, 인턴 레지던트 등 전공의 5년과 전공의 과정 후 부자가 될 수 있는 가능성을 더 높이기 위해 더 훈련을 받는 펠로우 2년 과정을 투자해야 한다. 산술적 시간으로 보면 약 25년을 투자해야 개업을 시작할 수 있다. 물론 의과대학만 졸업한 뒤 의사고시에 합격해서 의사면허증을 받으면 개업을 할 수 있다. 그러나 그런 상태에서 부자가 될 수 있는 의사가 되기는 불가능하다고 할 수 있다.

그런데 최근 '의사몰빵주의' 세상에서는 고등학교 졸업 후 막바로 의과대학을 진학하는 경우는 극히 드물다. 대부분 재수나 3수를 하기도 하고 타 대학 전공을 이수하다가 의과대학에 다시 입학하는 경우가 있어서 이런 경우는 거의 30년의 긴 기간을 의사가 되기 위해 시간을 보내야 한다는 것이다.

한편 30년의 긴 여정을 성공적으로 마치고 개업을 한다고 개업을 시작하자마자 부자가 되는 게 아니다. 꽤 오랫동안 즉 최소한 5~10년 정도 지나야 그 분야에서 어느 정도 실력을 인정받고 또 주변 공동체에 알려져서 개업이 성공할 수 있다.

문제는 그다음에 또 있다. 손을 별로 사용하지 않고 대화로 진단과 처방을 할 수 있는 소아과, 내과 같은 경우에는 나이가 들어서도 건강에 특별한 문제가 없으면 개업을 지속할 수 있지만 손을 사용해서 수술을 해야 되는 경우에는 나이가 들면 체력문제로 점점 수술을 하기 힘들어지고 60대가 되면 건강을 최선으로 유지하지 않으면 수술이 어려워질 수도 있다.

또 하나의 문제가 연달아 찾아온다. 바로 같은 전공의 후배들이 개업을 시작하며 서로 경쟁을 해야 된다는 것이다. 즉 개업 후 20년 전후 지나면 꽤 많은 의사들이 전성기가 지난다는 것이다. 물론 나이가 들면서 연구도 많이 하고 경험치가 높아지며 유명한 명의가 되는 의사들도 많다.

'결과적으로 ROI (Return on Investment 투자대비 수익)가 상당히 낮다는 것이다.'

여기서 한숨 돌리며 생각해 볼 것은 그나마 20년 전에는 고등하교 1~2학년 때 의사가 되기 위해 공부를 시작하기 때문에 공부로 날을 지새우는 기간이 10년 정도면 충분했다. 그런데 지금은 초등학교 1~2학년 때부터 심지어는 유치원 때부터 선행학습을 몇 년씩 빠르게 시킨다는 것이다. 초등학생들에게 미적분의 이론을 교육하는 학원도 있다고 들었는데 이게 사실이라면 사실은 아동학대에 해당된다. 육체에 가하는 아동학대보다 더 심하면 심했지 덜하지 않다고 생각한다. 그 어린 나이에 그런 어려운 문제를 풀려고 하는 것은 고문에 가까운 일일수도 있고 그 결과로 정신적인 문제가 생기게 된다면 그런 치명적인 상황을 만드는 부모님들은 경고를 받아야 된다고 생각한다. 아무리 선행학습을 일찍 시켜도 의사가 될 수 있는 어린이는 100명 중 3명이다. 즉 100명 중 90명은 어릴 때부터 자신이 좋아하는 분야나 자신이 가장 잘할 수 있는 재능을 꽃피우지 못하고 고생만 하다가 의사가 되지도 못한다는 것이다.

'최근 사회문제가 되는 묻지마 범죄가 이런 교육 행태와 전혀 무관하다고 할 수 없다고 생각한다.'

왜냐하면 공부에 찌들리다 절망하는 아이들은 갈 곳 없는 외톨이가 되고 사회의 loser가 되면서 돌파구를 찾을 수 없기 때문에 터지기 일보 직전의 화산과 같은 존재들이 되는 것이다.

2. 의사는 편하다

많은 사람들이 의사는 편한 직업이라고 착각하고 있다. 그런데 알고 보면 의사는 아주 피곤한 직업이라는 것이다. 물론 피곤의 양과 질은 당하는 사람과 느끼는 사람들의 주관적인 상황에 의해 결정되는 문제라 수치화할 수는 없다. 그래서 일단 의사 직업도 편안한 직업이 아니라는 점을 몇 가지 정리한다.

- 의과대학 공부는 정말 힘들다. -

모든 교육이 쉬운 건 아니지만 의과대학 공부는 정말 힘들다. 우선 외워야 할 정보들이 너무 많다. 그리고 그 정보를 다양하게 정리해서 진단을 하고 처방을 내리는 일도 매우 어렵다. 정보만 얻는다고 끝나는 게 아니란 이야기다.

- 의과대학 졸업을 하고 본인이 원하는 전공과목 선택을 할 수 없다. -

의사 중에서도 부자가 되기 원하는 의사들은 비보험 진료과인 성형외과, 피부과, 안과 의사들이 되길 원한다. 그중에서도 성형외과 의사가 되기를 원하는 의사들이 많은데 성형외과 의사가 되기가 매우 어렵다는 것이다. 일단 고등학교 수험생 중 의과대학에 입학하는 학생들은 3% 정도인데 의사가 된 뒤 성형외과 의사가 될 수 있는 의사들의 숫자도 의과대학 졸업생 중 3% 정도라는 것이다. 즉 고등학생 100명 중 세명 정도가 의사가 된 뒤 100명의 의사 중 3명만 성형외과 전문의가 될 수 있다.

초등학교 때부터 부자가 되기 위해서 의사가 되려고 공부를 하는데 막상 부자가 될 수 있는 확률이 가장 높은 성형외과 될 수 있는 확률은 천명 중 한명이라는 사실을 아는가? 거의 복권 당첨 수준의 불가능한 수치이다. 그나마 복권은 오천원만 있으면 구입이 가능하다.

-전공의 수련 동안 일반인들의 상상이
힘들 정도로 힘든 일상을 보낸다.-

가끔 의사를 모티브로 한 드라마들을 볼 수 있는데 그들의 의료행위 실태를 보면 일반인들이 상상하기 어려운 정도의 노동강도와 난이도가 합쳐져 있다. 약간의 실수만 있어도 환자가 생명을 잃기도 하고 어렵게 수술이 끝나도 완벽한 치료가 되지 못하기도 한다. 최근 방영한 드라마 '낭만닥터 김사부'에서 응급환자를 수술할 때 의료인들의 엄청난 지식동원과 임기응변 그리고 힘든 일상의 일부만이라도 간접 경험할 수 있다.

- 개원을 하기 위해 투자해야 되는 비용이 점점 엄청나게 늘어나고 있다. -

현대 과학의 발전과 더불어 의료기술과 의료장비도 엄청나게 발전했다. 그런데 최신 의료장비는 적게는 몇 천만원에서 많게는 수억원에 달한다. 이런 장비를 구입하거나 렌트를 해서 개업하며 갚는다는 것이 그렇게 쉬운 일이 아니다. 더구나 고가의 의료 장비를 개업 때 한번 구입하는 것으로 끝이 나는 것이 아니라 새로운 고가 장비가 계속 출시될 때마다 장비를 구입하지 않으면 경쟁력이 떨어지게 되기 때문에 어쩔 수 없이 새로운 고가 장비를 지속적으로 구입해야 되는 경우도 많다.

- 병원 개업도 일종의 자영업이므로 스스로 병원을 경영해야 한다. -

모든 준비가 끝난 의사들은 부자가 되기 위해 개업을 하게 된다. 그런데 개업이라는 것은 일종의 자영업으로 다른 자영업자와 마찬가지로 개업을 하기 위해 많은 준비들을 해야 한다. 개업하기 좋은 장소를 찾아내는 것, 가능하면 부담이 되지 않는 장소를 임대하는 것, 인테리어, 직원 충원 및 관리, 세무문제,

노사문제 등 본인들이 직접 해야 하는 일들이 한두가지가 아니다. 더구나 병원을 활성화하기 위해서는 마케팅은 필수적이다. 그런데 의과대학 재학 중 경영학을 배우지 않는다. 결국 모든 일들을 스스로 해결해야 되니 보통 어려운 일이 아니다. 이런 많은 스트레스를 어깨에 지고 환자들을 치료하는 것이 개업의들이다. 물론 스트레스가 없는 직업과 삶은 없다. 그러나 부모님들이 의사의 스트레스를 전혀 고려하고 있지 않다는 것이다. 의사가 되면 쉽게 부자가 된다고 착각하는 것이다.

'어머니들! 당신의 자녀가 이렇게 많은 스트레스를 받아야 의사 생활을 할 수 있다는 것을 아는가?'

– 의사는 사람들을 대면하며 치료를 하는 서비스 직업이다. –

대부분의 자영업자들은 사람들과 직접 만나야 돈을 벌 수 있는 서비스업이다. 개업의도 마찬가지다. 그런데 환자들의 질병 상태와 상황이 다 다르고 진료 결과를 대하는 방법과 성격들이 다 다르므로 다양한 환자들과 접하면서 겪는 정신적 스트레스도 일반인들이 생각하는 것보다 훨씬 치명적이다. 왜냐하면 치킨 집은 문제가 생겼을 경우 환불을 하거나 죄송하다고 사과를 하면 거의 마무리가 되지만 건강이 관련되어 있는 의료 상황은 환불이나 사과로 끝날 수 없는 경우가 있기 때문이다. 결국 법정에서 시시비비를 가릴 수밖에 없는 경우도 있다. 특히 외과 전공의들에게 이런 상황이 생기기도 한다. 특히 대부분 의사들이 선호하는 성형외과의 경우 미세한 차이에도 환자들은 엄청난 다양한 반응을 하기 때문에 오히려 일반외과 의사들 보다 더 치명적인 스트레스를 받을 수 있다.

에피소드

최근 언론에서 지방 병원에서 의사를 구하기 위해 연봉을 2~3억을 준다는데도 의사를 못 구한다는 보도가 있었다. 대부분 사람들은 '도대체 의사가 얼마를 벌길래 2~3억을 주어도 안 간다는거야?'라고 오해할 수 있을 것이다.

'그런데 사실은 그런 이유가 있다!'

지방대학의 응급실이나 외과에서 근무를 하기 위해서는 의사만 필요한 것이 아니라 그를 도와주는 다수의 인력이 필요하다. 즉 팀이 필요하다. 그런데 그 팀의 실력이 떨어지면 좋은 진료를 할 수 없다. 만약 시술이 잘못되면 모든 책임은 의사가 지게 되고 결과적으로 민형사 소송으로 시달리게 된다. 그 결과도 의사가 책임 지어야 한다. 즉 제대로 된 응급팀을 갖추려면 2~3억원의 몇배는 보장이 되어야 하는데 그렇게 투자할 수 있는 지방 병원은 드물다는 것이다. '이런 현실적이고 구체적이 내용을 모르고 외향적인 껍데기 이미지만 있으면 의사들에 대한 허상을 가질 수밖에 없다.'

- 인생의 대부분을 좁고 같은 장소에서 보낸다. -

사람들은 태어나서 나이가 들어 은퇴할 때까지 많은 장소를 옮기면서 산다. 그런데 개업의들은 일단 개업을 하면 대부분 한 장소에서 하루 종일 평생을 보낸다. 결과적으로 사물을 대하는 시야가 좁아지고 각자 태어날 때 주어진 다양한 재능들을 썩히고 보내게 된다. 그저 안정된 직업이라는 생각으로 모든 아이들이 의사를 하게 된다면 얼마나 많은 재능들이 세상에서 빛도 못 보고 사라질까 하는 생각을 해보면 참 안타깝다.

나 역시 음악적 재능이 있음에도 불구하고 음악 교육을 받지 못한 채 인생을 보내게 됐다. 나이가 든 지금 음악을 못한 게 너무 아쉬워서 작곡, 작사, 노래를 하는 싱어송라이터 취미생활을 하고 있다. 그래서 나의 음악적 재능이 뛰어나다는 것을 아는 주변 음악인들이 많이 아까워하고 있다. 어떤 친구는 "민원장은 치과의사가 되지 않고 음악을 전공했다면 지금보다 10배는 더 성공했을 거야!"라는 진심 어린 농담을 하기도 한다.

3. 의사는 존경받는다

실제로 많은 정직하고 성실한 의사들이 환자들로부터 존경과 신뢰를 받는다. 그러나 최근 일반인들이 의사들을 대하는 경향은 돈과 기술을 교환하는 거래로 폄하되는 추세이다. 즉 치료비를 지불한 대가의 결과치를 계산하고 그에 따른 행동을 보이는 환자들도 많이 늘어나고 있다. 가끔 뉴스에 등장하는 의료 관련 뉴스 때문에 의사들에 대한 존경심은 상당히 사라졌다고 생각한다.

'이 부분이 할아버지 세대 의사들과 현재 의사들의 위상에서 차이를 보이는 가장 큰 부분 중 하나다!'

* 그러면 어떻게 할까

최근 자녀를 키우고 있는 많은 부모님들이 자녀들을 의사만들기 위해 안간힘을 쓰고 있다. 그런데 많은 부정적 요소들 중 위에 언급한 세가지 요소들만 생각해 봐도 자녀를 초등학생 때부터 들볶으며 의사 만드는 작업이 얼마나 허황된 생각이고 자녀들을 얼마나 힘든 인생을 보내게 하는지 알 수 있다.

이미 언급했듯이 자녀를 의사 만들기 위해 엄청난 교육비와 시간을 투자하더라도 실제로 의사가 되는 확률은 3% 전후다. 즉 100명의 어린이들이 유치원 때부터 고3까지 12년 이상 쉬는 시간도 없이 하루 종일 공부를 시켜도 90% 이상 자녀들은 자신이 원하는 것, 자신이 잘하는 재능을 찾아보지도 못하고 인생을 좌우할 수 있는 중요한 시간에 고생만 실컷 하다가 실망의 열매를 맺게 된다.

얼마 전 유튜브에서 흥미로운 동영상을 봤다. 메가스터디를 창업하고 대치동 어린이들의 사교육 열풍을 일으켰던 손주은 대표도 '공부는 유전적인 것이 90 %'라고 했다. 상당 부분 동의한다.

더 안타까운 것은 아이들은 타고난 각자의 재능이 있고 자신만이 갖고 있는 창의력과 무기가 있다. 즉 자신만이 탁월하게 갖고 태어난 재능과 창의력을 개발한다면 뛰어난 열매를 맺을 수 있는 아이들에게 오랜 시간 고생스러운 투자를 해서 고생에 비해 보잘것없는 작은 인생보험을 들기 위해 올인 하는 것은 무모하다고 할 수 있다. 그리고 90 %는 보험에 들지 못하고 실패하는데 말이다.

얼마 전 뉴스에서 본 자폐아가 생각난다. 그 어려운 Rubiks cube를 단 3초만에 풀어내며 중국 챔피언을 이기고 세계 챔피언이 된다. 키우기 힘들다는 자폐아 중 일부 아이들은 일반인들이 상상할 수 없는 천재성을 갖고 있다고 한다. 부모님들이 포기하지 않고 자녀의 재능을 찾다보니 그런 대단한 아이들이 찾아지는 것이다.

* 그래도 의사가 되겠다면!

지금까지 의사의 부정적인 면을 설명했다. 그러나 '의사라는 직업 자체가 부정적인 것은 아니다!' 첫 번째 의료 행위는 예수님의 공생애 첫 번째 사역과 같은 질병이 있는 사람들의 병을 고쳐주는 선한 행위를 하는 직업이다. 조선시대에도 의료인들은 중인 계급이었지만 아픈 사람들을 고쳐주는 선한 일을 하는 사람들로 주위의 사랑을 받았다. 그래서 의사가 되기를 원하는 어린이들에게 의사가 되지 말라고 하지 않는다. 오히려 '어떤 의사가 되어서 인생을 보람 있게 살아가느냐?'에 대한 이야기를 나누고 싶다. 즉 의사는 많은 일을 할 수 있는 전문가 중 하나이다. 의사라는 직업을 통해서 사회활동도 할 수 있고 봉사도 할 수 있다.

가끔 텔레비전을 보다 보면 아프리카 어린이들을 돕는 단체들의 홍보 영상을 접하게 된다. 그 방송에 나오는 흑인 어린이들 중 상당히 많은 어린이들이 커서 의사가 되길 원한다. 그런데 그들이 의사가 되기 원하는 이유를 물어보면 부자가 되기 위한 것이 아니라 그들의 부모님이나 가족이 병으로 고통받고 있기 때문에 커서 의사가 되어 그들을 고치고 싶다는 바람으로 의사가 되기 원하는 것이다.

자녀를 의사 만들기 원하는 부모님들에게 '자녀가 아주 쉽게 의사가 되는 방법'을 알려주겠다. 어릴 때부터 선한 의사들 스토리를 많이 접하게 하면 된다. 가장 유명한 스토리가 슈바이처 박사이다. 그의 아버지는 목사였고 그도 신학대학을 입학한다. 그리고 그는 아프리카 선교사가 되기를 원하는데 목사의 신분보다는 의사라는 직업이 아프리카 선교에 더 도움이 될 것이라는 믿음으로 의과대학에 입학하고 의사가 된다. 그리고 백인들을 싫어하는 어느 아프리카 마을에서 병들어 가망이 없는 족장을 고쳐주고 그 뒤로 계속된 의료 봉사를 통해 아프리카의 아버지가 되고 세계에서 가장 유명하고 선한 의사가 된다. 이런 이야기를 자녀가 읽고 감명받아서 의사가 되기를 원한다면 의사반에 다니지 않아도 의사가 되기 위해 스스로 열심히 공부하게 된다. 그렇다고 꼭 슈바이처 박사가 될 필요는 없다.

'의료 행위의 본질을 알고 이해하게 되면 의사가 되는 길은 더 넓게 더 가깝게 다가온다!'

에피소드 1

나의 전공이 어린이 치아교정이다 보니 수많은 어린이들을 접할 기회가 있다. 그중 가끔 특별한 아이들을 만나기도 한다. 한 초등학생 어린이가 올 때마다 나의 고무장갑 냄새가 좋다고 해서 항상 장갑을 주곤 했다. 하루는 '왜 그렇게 고무 냄새나는 장갑을 좋아하냐'고 물어봤다. 그 아이는 의료용 장갑을 끼고 자신을 치료하는 내가 너무 멋있어서 장갑이라도 달라고 그런 거라고 하며 커서 치과의사가 되겠다고 했다. 그리고 지금 미국의 치과대학에 입학해서 치과의사의 길을 걷고 있다.

에피소드 2

20년쯤 전 어떤 기회로 광고 모델이 된 적이 있었다. 현대자동차 그랜저 XG 론칭 모델과 대우증권 플랜마스터 CF 모델로 6개월 정도 그 당시 엄청 유명하던 드라마 '여인천하' 방송 전후에 방송이 되었었다. 20년이 흘러 어느 치과의사 후배들과 만나서 식사를 하는데 그중 한명이 이런 이야기를 했다. 그가 고등학교 시절 부모님과 함께 여인천하 드라마를 보다고 아버지께서 내가 나온 광고를 보고는 이렇게 말씀하셨단다. “연예인도 아닌데 치과의사가 대기업 광고 모델을 하네! 치과의사가 좋은 직업인가 본데 너도 치과의사하면 어떠니?”그리고 그의 직업은 치과의사가 되어 나와 치과의사 선후배로 좋은 인연을 맺어가고 있다.

이렇게 다른 사람들에게 좋은 이미지를 줄 수 있었다는 것만으로라도 나의 직업은 괜찮은 직업인 것 같다. 그러나 내가 어릴 때 부모님께서 의사가 되어서 부자 되라는 말은 들은 적이 없다. 단지 가문을 이어야 된다는 사명감이 있었을 뿐이다.

* 그래도 부모님들의 마음을 현실적으로 이해한다면!

내가 어떤 이야기를 해도 부모님들이 자녀들을 의사 만들기 원하는 마음에 충분한 동요를 일으킬지 잘 모르겠다. 그 마음들을 한편 이해한다. 점점 어려워져가는 현실적인 삶의 무게! 점점 끝없이 올라가는 물가와 부동산! 이러한 문제들을 그나마 더 쉽게 해결할 수 있는 방법은 일단 부자가 되도록 교육을 시켜야 된다고 생각하기 때문이다. 그리고 그들의 눈에는 의사가 부자로 보이기 때문이다.

그래서 정말 부자가 되기 원한다면 진짜 중요한 한가지를 알아야 된다고 조언해 주고 싶은 것이다.

'자녀가 부자가 되고 편한 삶을 살게 하고 싶다면 어릴 때부터 부자 되라는 공부만 시킬 것이 아니라 어떻게 하면 더 쉽고 편하게 부자가 될 수 있는지 그 방법을 공부하고 노력하는 것이 더 중요하고 필요하다.'

바로 어릴 때부터 부모와 자녀가 함께 금융 문맹을 탈출하기 위한 금융공부를 하고 실제로 조금이라도 금융 투자를 하는 것이다. 나도 아쉽게 생각하는 것은 나 역시 금융공부를 하지 못한 금융문맹자라는 것이다. 내가 어릴 때부터 금융을 알았다면 아마 지금과는 또 다른 세상을 날아다니는 삶을 살고 있을 것이다.

그렇게 금융 천재가 되면 자녀들에게 더 넓은 문이 열리고 더 높은 목표가 생기며 결과적으로 진짜 부자가 된다.

그 결과물은 자신의 것일 뿐 아니라 국가 성장의 원동력이 되어 한국병을 고치고 한국을 더 위대한 국가로 도약하게 하는 원동력이 되는 것이다.

민병진의 핵심 처방전

자녀가 올바른 교육을 받고 좋은 직업을 선택하고 행복한 인생을 살게 해주기 위해서는 몇가지 처방전이 있다.

우선 '자녀와의 소통'이 첫 번째로 중요하다. 아무리 어린아이라도 자신의 세계에서 자신만의 의견이 있을 수 있다. 그런데 부모님들은 그들의 눈높이에서 자녀의 생각을 정리하려고 한다. 그런데 부모 역시 뛰어난 아동심리학이나 아동교육학 전문가 아니고 또 아이들을 많이 키워 본 경험이 없는 자녀교육 문맹자들이다. 그런 상태에서 자녀를 억누르고 교육시키는 것이다.

'그래서 자녀들의 직업을 정해주기 전 부모들이 먼저 자녀와의 소통을 할 수 있는 지식을 갖추어야 한다.' 말은 쉽지만 어려운 이야기다. 그런데 역사 속에는 그런 부모님들이 존재한다. 우리들이 잘 아는 한석봉과 그의 어머니 이야기인데 한석봉의 어머니는 공부를 전혀 못한 사람이지만 자신의 전공에 있어서는 자녀보다 한 수 위였다. 신사임당은 스스로 학문을 깨우친 여성으로 아들의 멘토가 되었고 에디슨과 처칠의 어머니들은 저능아로 낙인찍힌 아들들을 스스로 교육시킨 분들이다.

그래도 자녀를 의사 시키기 원하는 어머니라면 인문학 책을 최소한 몇 권은 읽어야 되지 않을까 싶다. 그래야 '의사가 되면 부자 돼서 편하게 산다!라는 멍청한 소리만 반복하지 않을 거다.'

* 자녀의 재능을 찾을 수 있는 능력이 있는가

사실 특별한 방면에 탁월한 재능이 있는 어린이가 그 방면의 교육을 제대로 받는다면 세계적인 인물이 될 수 있고 부와 명예는 따라오게 되어 있다. 그런데 그 자녀의 재능을 찾아낸다는 것은 대부분 부모님들에게는 대낮에 달을 찾아내는 것만큼이나 어려운 일이다. 또 찾아낸다고 하더라도 그것을 발전시키지 못하는 경우도 많다.

에피소드 1

나의 아버지께서 나의 음악적 재능을 발견하지 못하신 건 몹시 아쉽다. 그런데 나 또한 비슷한 실수를 한다. 나의 딸에게는 디자인 재능이 있다. 그런데 나는 전혀 알지 못했다. 우연한 기회에 딸아이와 이야기를 하던 중 딸아이가 "아빠! 사실 저는 아빠한테 말 안 하고 디자이너가 되려고 했어요. 그래서 기도하면서 DAT(치과의사 적성검사) 성적이 22점이면 치과의사가 되고 그 위나 아래가 되면 디자인학과로 진학하려고 했는데 성적이 22점이 나왔어요. 그래서 치과대학에 들어갔어요"라고 했다. 난 그 이야기를 들으며 '아버지의 문제라고 생각했던 것이 바로 나의 문제였구나!'라는 생각을 하며 안타까워하기도 했다. 정말 좋아하는 전공을 선택하고 재능을 극대화해서 행복한 인생을 사는 것은 참 어려운 일인 것 같다.

'이렇게 자녀의 재능을 찾아내는 것은 쉬운 일이 아니긴 하다. 그러나 의사몰빵할 정도의 노력이면 가능하지 않을까 싶다!'

에피소드 2

우연한 기회에 피아노 신동을 만났다. 정말 내가 음악에 재능이 있다고 생각했는데 그 아이는 정말 대단한 신동이었다. 그래서 수소문 끝에 그 아이와 부모님과 함께 만나서 장시간 음악 이야기로 시간 가는 줄도 몰랐다. 그런데 4년이 지난 지금 유튜브에서 그의 음악을 들어보면 어릴 때보다 크게 발전한 것이 보이지 않았다. 다양한 방법으로 그 아이에게 도움이 되는 아이디어를 제공했지만 그의 아버지는 특별한 대책을 세우지 않았고 결국 그는 조만간 병역의무를 하기 위해 입대를 해야 되고 그의 재능은 천천히 식어갈지 몰라서 안타까운 생각이 든다. 4년 전 그 나이에 그 정도 연주하는 어린이들은 찾아보기 힘들었지만 지금 그의 나이에서 그 정도 연주하는 음악인은 많이 만날 수 있기 때문이다.

'천재가 평범한 음악인으로 변해가는 모습을 보며 그저 자신의 아들이 천재라고 생각하며 우쭐했던 그의 아버지의 우유부단함이 화가 나기도 한다.'

어쩌면 많은 대치동 아이들은 상대적으로 훨씬 좋은 가정 환경에서 훨씬 유리한 조건을 갖추고서도 그들의 재능을 꽃 피지 못하고 겨우 '인생안전보험'인 의사를 하게 될지도 모른다. 그것도 백명 중에 세명 정도가 말이다! 아마 대치동이니까 세명보다는 많은 열명은 될지 모르겠다.

* 자녀와 취미생활을 공유하기

이렇게 자녀와 소통하기도 힘들고 자녀의 재능 찾기도 힘들 때 그래도 한가지 좋은 방법이 있다. 바로 '취미생활을 공유'하는 것이다. 나와 아버지 사이는 그렇게 살가운 관계는 아니었다. 아마도 대부분 산업화 시대의 사람들은 위아래 관계가 거의 그렇지 않았을까 싶긴 하다. 그런데 음악 이야기만 나오면 시간 가는 줄 모르고 이야기를 이어갔다.

내가 대학생 시절에도 일요일이면 아버지께서 명동에 있는 오디오 가게를 가자고 하시면 나는 군말 없이 따라갔다. 그 당시에는 좋은 오디오는 중국대사관이 있던 명동 뒷골목에 있었다. 거의 한달에 한번은 명동 오디오 가게를 방문하며 고급 오디오 시스템에 대해서 입문했고 그때 들은 소리들이 나의 귀를 너무 고급스럽게 만들어버렸다. 그리고 훨씬 어릴 때부터 듣고 자란 음악을 통해 나에게 음악적 재능이 만들어진 것이다.

나와 딸아이와도 비슷한 스토리가 있다. 지금은 없어졌지만 거의 30년 전 강남역 앞에는 '타워레코드'라는 세계적인 레코드판매 체인이 있었다. 딸아이와 주말마다 타워레코드를 방문했는데 딸아이는 "아빠! 오늘은 CD 3장만 살게요"라고 하고서는 20장은 더 들고 오곤 했다. 고르고 골라서 10장 정도로 줄여서 사 오곤 했다. 그렇게 CD를 고를 때면 신나서 돌아다니던 딸아이가 생각난다.

한 가지 아쉬운 점은 나는 딸아이가 기타를 배우고 딸아이가 성장하면 'M&M'이란 듀엣을 하고 싶었는데 아쉽게도 그렇지 못했다. 또 테니스를 엄청 좋아해서 휴일이면 테니스를 치러 다니던 나는 아내와 딸이 테니스에 입문할 수 있도록 노력했는데 그것도 아쉬운 일로 끝났다. 좀 더 공격적으로 했으면 어땠을까 하는 생각도 해본다. 지금 생각해 보면 이런 취미생활을 공유하다 보면 나이를 떠나서 사람의 마음과 마음이 대화하게 되고, 부모자식 관계가 아니라 사람과 사람의 관계가 되고 바로 그런 대등한 관계에서 부드러운 소통의 시작이 되는 것이 아닐까 싶다.

자녀가 의사 되기를 원하는 어머니들은 의사반 학원문에 아이를 밀어 집어넣을 것이 아니라 취미생활을 같이 하며 인생 경험담을 나누다 보면 의사가 되던 다른 직업을 갖게 되던 화목한 가정을 이루게 되고 정말 자녀가 좋아하는 인생 그림을 그리게 되지 않을까?

마무리

자녀들이 태어났을 때에는 모든 부모님들이 세상을 얻은 것처럼 기뻐한다. 그런데 겨우 10년이 지나면 자녀와의 사이가 불편해지는 경우가 많다. 심지어는

'무자식 상팔자'라는 옛이야기가 아무 때나 쓰인다.

'도대체 무엇이 세상보다 귀하던 자녀와의 관계를 이렇게 만들까?'

자녀가 태어나서 20대가 되어 자립을 할 때까지 자녀는 부모에게 삶을 위탁할 수밖에 없다.(자녀의 독립심을 키우는 미국은 좀 다르긴 하다) 부모님들은 자녀들을 자신의 생각대로 살아야 하는 존재로 생각하기도 한다. 그러나 인간은 태어날 때부터 자신만의 자아가 있고 그 자아를 표현하기 위해 온몸과 마음을 던진다.

그렇게 혼자서 자립할 수 없는 어린시절의 자녀들에게 깊은 고뇌 없이 '그저 의사가 되어서 부자 되고 행복하게 살아라. 그러니까 잔말 말고 아침부터 저녁 늦게까지 공부해!'라고 한다면 어떤 자녀가 그것을 올바른 교육이라고 생각하며 따를 수 있을까?

그나마 머리가 좋게 태어난 아이들은 어떻게든 따라가 보지만 그렇지 않은 아이들에게는 아동학대의 수준으로 받아들여지지 않을까?

이제 정말 자녀의 행복한 미래와 인생을 위하는 어머니들이라면 첫 번째 '독서와 온라인으로 체계적인 자녀 교육 공부를 하자!' 두 번째 '다른 사람들의 행동에 의해서 나의 생각을 빼앗기지 말자!' 세 번째 '많은 멘토들을 만날 수 있도록 노력하자!' 이제는 유튜브나 다양한 경로의 온라인으로 수많은 세계적인 석학을 만날 수 있다. 드라마 보는 대신 그런 프로그램을 보아야 한다. 사실 요즘 티비에서는 배울 게 없지 않은가? 네 번째 '자녀에게 좋은 친구들을 만들어주자' 한가족 자녀가 한명도 안 된다는 한국 현실에서 자녀들이 커서 문제가 생겼을 때 의논할 상대를 지금부터라도 만들어 주어야 하지 않을까?

다섯 번째 '공부를 잘하면 꼭 의사만 시키려고 애쓰지 말고 금융이나 IT 관련 전공과로 진학시키라!' 앞으로 초고령화 사회가 되면 다양한 건강 관련 산업이 활성화돼고, 지구 환경 변화 때문에 많은 문제가 생기면 새로운 바이오 기술이 발전할 수밖에 없다. 한편, 한국의 미래 먹거리인 반도체와 같은 5차 산업의 역군이 되어 한국을 더 부강한 나라로 만드는 애국자로 만들면 어떨까? 일제 시대의 독립군만 애국자가 아니다. 자신 뿐만 아니라 국가 발전에도 도움이 될 수 있도록 자녀들이 창업할 수 있는 기회를 주고, IT 인재로 키우는 것도 애국자이다.

여섯 번째 '세계적으로 진짜 부자는 금융을 아는 펀드매니저이다' 워렌 버핏같은 세계에서 가장 부자도 어릴 때부터 금융을 이해하고 금융을 통해서 그 부를 이룬 것이다. 당신의 자녀도 지금부터 금융 교육을 시켜서 금융 문맹에서 탈출하면 워렌 버핏같은 펀드매니저가 될 수 있다. 이것도 사실이다.

끝으로 당신의 자녀는 자신만이 아니라 공동체와 나라를 위해서 쓰일 인재라는 자긍심을 갖자. 그리고 열심히 자녀의 재능을 찾아내고 지혜롭게 자녀를 교육하다 보면 의사도 될 수 있지만 과학자나 기업가가 되어 더 큰 성공을 할 수 있을 것이다.

'아무쪼록 부모님들도 더 깊은 성찰을 통해서 현실을 분석하고 미래를 예측할 수 있기를 바란다. 그리고 모든 자녀들이 성공해서 행복한 인생을 살기 원하며 한국병 해결 처방전 첫 번째 글을 마무리한다!'

| 의사몰빵 한국폭망

인　　쇄	2023년 9월 25일
발　　행	2023년 10월 4일
지 은 이	민 병 진
발 행 인	안 영 택
발 행 처	명문출판사
등　　록	제 6-0212호(1995년 1월 24일)
주　　소	서울시 동대문구 답십리로63길 90
전　　화	(02)2248-7586
팩　　스	(02)2248-0598
홈페이지	http://www.teethbook.co.kr
I S B N	978-89-6808-156-9

2023 | 의사몰빵 한국폭망 | 명문출판사　　　정가 : 18,000원